AF349836

LES PREMIERS PAS

D'UN

GRAND HOMME,

Petite Pantomime

Arrangée pour les deux Nains
COLIBRI,

Par MM. Carmouche et Clairville.

Prix : 40 centimes.

PARIS.

BECK, LIBRAIRE-ÉDITEUR,
Rue des Grands-Augustins, 20.

1850.

LES PREMIERS PAS

D'UN

GRAND HOMME,

Petite Pantomime

Arrangée pour les deux Nains COLIBRI,

Par MM. Carmouche et Clairville.

Prix : 40 centimes.

———

PARIS.

BECK, LIRAIRE-ÉDITEUR,
Rue des Grands-Augustins, 20.

———

1850.

PERSONNAGES.

COLIBRI, *petit paysan*.

MARY, *villageoise*.

La mère BOBINETTE.

UN TAMBOUR.

UN PETIT OFFICIER.

UN PETIT BAILLI.

Petits Conscrits.

La scène en Bretagne ou en Suisse.

LES PREMIERS PAS

D'UN GRAND HOMME,

Par MM. Carmouche et Clairville.

ACTE PREMIER.

Petites maisons à droite et à gauche. — Au fond, rivière ou torrent avec un pont; décors de deux ou trois plans seulement.

SCÈNE PREMIÈRE.

Au lever du rideau l'orchestre joue l'air : Tandis que tout sommeille.

Mary sort de chez elle avec précaution; elle a son panier, sa quenouille et ses sabots à la main. Elle dit que sa mère s'est endormie en filant, pendant ce temps elle veut voir si l'objet de son amour n'est pas revenu. Elle vient regarder par le trou de la serrure à gauche du public: — Il n'y est pas, celui qui fait battre mon cœur !

Air : Il ne vient pas, où peut-il être ?

— Elle s'asseoit triste et pensive en effeuillant une marguerite qu'elle a cueillie. — L'orchestre joue l'air : *Marguerite qui m'invite* ; puis à cet air succède l'air de la *Sabotière*. — Elle se lève. — O ciel ! c'est lui !... — Elle se couche sur un banc et fait semblant de dormir.

SCÈNE II.

COLIBRI *paraît conduisant une petite charrette de sabots; il en a aux pieds, et tient un fouet à la main.*

Il traverse le pont. Colibri, en voyant Mary endormie, s'avance avec précaution ; il l'embrasse (lazzis); puis il veut s'emparer d'une rose qui est à son corset; mais Mary se relève, et l'orchestre joue l'air : *Tu n'auras pas ma rose.* Colibri boude. Coquetterie de Mary. Ils se raccommodent, et Colibri va chercher dans sa voiture un bouquet qu'il apporte à Mary. Le bouquet est plus gros qu'elle; alors elle tire de son panier la petite che⁻

mise qu'elle lui a faite; et lui, tire d'une foule de papiers, l'anneau des fiançailles qu'il a acheté; elle en tire un autre, et ils se les passent aux doigts. L'orchestre joue l'air : *Il faut des époux assortis.* — Ils quittent l'une son chapeau de paille, l'autre son chapeau de feutre noir, puis ils dansent un pas avec leurs sabots. — On entend tousser la vieille. — Oh! voilà ma mère, cache-toi vite.

Dans leur trouble ils se trompent de chapeaux. Colibri se cache dans un tas de foin qui est près de la cabane de la vieille, et Mary, croyant avoir ressaisi sa quenouille, tourne ses doigts et remue le pied comme si elle filait convulsivement.

SCÈNE III.

Les Mêmes, SA MÈRE.

Étonnée, elle la regarde, lui frappe sur l'épaule. — Mary sort de son trouble. — Malheureuse, que fais-tu là? — Je file!.. je file!.. — Filez à la maison !... Et vos sabots? je ne sais ce qui me tient de te les casser sur la tête, fainéante !.. Elle voit le chapeau, veut la frapper de sa béquille. — Grâce, ma mère ! — Drôlesse ! tu étais avec ce mauvais sujet de Colibri.— Non, non, ma mère.— Où est-il, le scélérat ?.. — Elle le cherche; le tas de foin se met à marcher tout seul pour traverser le théâtre... — Ah ! le gueux, il est là ! — Elle tombe sur lui à coups de canne... mais le petit malin lui passe à travers les jambes et la fait culbuter..., puis se sauve chez lui en riant aux éclats. — Mary relève sa mère qui rentre chez elle en boîtant. On entend battre un rappel de tambour. *Ici l'orcheste joue le chant du Départ.*

SCÈNE IV.

LE BAILLI, UN OFFICIER, UN TAMBOUR, PETITS CONSCRITS.

(Un d'eux porte une pancarte sur laquelle on lit : Tirage pour le service militaire.

— On dispose une urne; le Bailli a sa liste,

s'assoit; tous les conscrits passent devant lui.
Et Colibri?... où donc est-il ?.. — On va le chercher par l'oreille ..; il rechigne à tirer son billet;
mais il n'y a pas à dire, il le faut ! — Allons, au
petit bonheur.—Il tire le N° 1.—La vieille, qui est
venue voir cela, est enchantée et bat des mains de
ce qu'il va partir ! —Coquin de sort!.,.—Il s'arra-
che les cheveux en pensant à son amoureuse...
— Mais, bah ! console-toi. Tu auras peut-être les
épaulettes, la décoration. — Les autorités sor-
tent, Colibri reste seul.

SCÉNE V.

COLIBRI, MARY.

L'Orchestre joue l'air : *Quel désespoir !*

Ils se désolent tous les deux ; mais bientôt une
idée vient à Mary. — Sois tranquille, laisse-moi
faire, tu ne partiras pas seul. (*Elle sort en cou-
rant et sans dire son idée*)

SCÉNE VI.

COLIBRI (*seul*)

Il est toujours désespéré, car il ne croit pas à l'espérance que lui donne Mary. Pour s'étourdir, il veut boire ! Il se fait servir une bouteille et un grand verre qu'il remplit plusieurs fois et qu'il vide coup sur coup, si bien qu'il finit par se griser.

SCÉNE VII.

COLIBRI, LA MÈRE.

La mère arrive en cherchant sa fille; Colibri, qui est gris, la prend pour Mary et lui fait la cour.— La mère est scandalisée. Colibri l'embrasse, et reçoit des coups de béquille. — La mère rentre furieuse.

SCÈNE VIII.

COLIBRI, *ensuite* MARY.

Les coups de béquille ont un peu dégrisé Colibri qui se frotte les yeux. — On entend l'orchestre jouer l'air : *Vivandière du régiment*, et l'on voit entrer Mary en petite vivandière. — Surprise de Colibri. — C'est pour partir avec toi. — O triomphe de l'amour! — Maintenant Colibri se félicite d'être soldat. — L'orchestre joue l'air : *Ah! quel plaisir d'être soldat !*

SCÈNE IX.

Les Mêmes, LE BAILLI, LES CONSCRITS.

On apporte une toise pour mesurer les conscrits. —Tous ont la taille voulue, excepté Colibri. Quand il passe sous la toise, l'orchestre joue l'air : *Ah ! quel homme ! quel petit homme !*

— Comment faire ? Mary est vivandière, et lui ne peut pas être soldat... Il dit qu'il va s'engager volontairement, et pour prouver qu'il a des dispositions, il fait la charge en douze temps, aux applaudissements des autorités qui lui font signer son engagement. — Ici le départ des conscrits. On amène un cheval pour la vivandière, et chacun défile.

ACTE DEUXIÈME.

Le théâtre change et représente l'intérieur d'un sérail. Au fond, des murs crénelés.

SCÈNE PREMIERE.

Au lever du rideau on entend la fusillade et la canonnade au fond. Plusieurs petites Odalisques sont épouvantées et courent de tous côtés en manifestant leur effroi. Elles s'adressent à leur eunuque (*M. Williams Bentham*) mais il a aussi peur que les Odalisques. Cependant celles-ci exigent qu'il joue du violon pour les rassurer (Exercices de

M. Williams). Après les exercices, l'attaque, qui a toujours continué au fond, devient plus acharnée, et une partie du mur s'écroule. — Toutes les odalisques tombent en jetant un cri : l'Eunuque se sauve.

SCÈNE II.

COLIBRI, *en général, entre par la brèche.*

En ne voyant que des femmes, il rit, les rassure, les relève, et leur passe la main sous le menton. — Puis il tire de sa poche une foule de mouchoirs qu'il jette à chacune d'elles.

SCÈNE III.

LES MÊMES, MARY.

Au moment où Colibri embrasse l'une des Odalisques, Mary entre, et lui fait une scène affreuse. Colibri lui demande pardon. Mary lui pardonne. — On entend jouer l'air : *La victoire est à nous.*

SCÉNE IV.

Les Mèmes, L'EUNUQUE, LES PETITS SOLDATS.

Tous les conscrits que l'on a vus au 1er acte, reviennent en soldats en tenant par une corde l'Eunuque qu'ils ont trouvé.

Colibri le condamme à passer par les armes. Il fait ranger sa petite troupe et commande le feu ; mais au moment où il va dire, feu! l'eunuque joue du violon et toutes les petites odalisques et tous les petits soldats se mettent à danser.

FIN.